Copyright ©2020 Simone Ricci, tutti i diritti riservati
Carta straccia. L'iperinflazione tedesca del 1923

È vietata la riproduzione, anche parziale, del testo senza l'autorizzazione dell'autore.

ISBN 9798554418778

Simone Ricci

Carta straccia

L'iperinflazione tedesca del 1923

Indice

L'origine del problema (1914-1920)
  La guerra ripudia l'oro..................7
  Un risarcimento esorbitante..................10

La catastrofe monetaria (1921-1923)
  1921-22: errori fatali..................12
  1923: annus horribilis..................15

La folle corsa dei prezzi
  Fuori controllo..................19
  Una valanga di carta straccia..................22
  Scene di vita quotidiana..................29

Azioni e oro: ancore di salvezza
  Investimenti sbagliati..................45
  Le azioni..................45
  Oro e argento..................47

Il ritorno alla normalità
  Il rentenmark..................50
  Debiti pubblici e privati..................52
  Conseguenze di lungo termine..................56

Capitolo 1

L'origine del problema (1914-1920)

La guerra ripudia l'oro

Spesso si sente dire che l'oro fu escluso dal sistema monetario mondiale perché "non ce n'era più abbastanza". Tale affermazione, però, è falsa.

Infatti se il mercato avesse avuto davvero bisogno di una maggiore quantità di denaro, il valore dell'oro (e dell'argento) sarebbe pian piano cresciuto fino a coprire quello di tutta la massa monetaria necessaria a sostenere gli scambi.

Dunque l'oro fu eliminato dal sistema monetario perché costringeva i governi a condurre una politica monetaria onesta: la base aurea della moneta non gli permetteva di svalutare a piacimento, impedendogli di finanziare i loro progetti tramite l'imposizione di quella tassa subdola chiamata inflazione.

Non a caso i governi europei abbandonarono il *gold standard* allo scoppio della prima guerra mondiale, impedendo quindi la conversione delle banconote in oro. Infatti per sostenere le spese belliche era necessario stampare banconote velocemente e senza rispettare alcun vincolo; le uniche alternative possibili sarebbero state la pace o una tassazione diretta e pesante sulla popolazione, con il rischio che questa si ribellasse. Furono emesse molte obbligazioni belliche, ma non era possibile finanziare l'intero conflitto a debito, quindi i cittadini furono ugualmente, ma indirettamente, tassati da un'inflazione che durante la guerra in Europa fu mediamente del 28% l'anno.

Così anche in Germania fu abbandonato il sistema aureo: nel 1914 vide la luce il *papiermark* ("marco di carta") e nel 1915 furono coniate le ultime monete d'oro.

La moneta aurea da 20 marchi del 1915
Fu l'ultima moneta d'oro circolante coniata in Germania.
Titolo: 900‰ - Peso: 7,965 grammi
Diametro: 22,5 millimetri
Ne furono coniati 1.268.055 esemplari, ma ne entrarono in circolazione pochissimi - Immagine tratta dal web

Quindi la *Reichsbank* emise nuove banconote senza copertura aurea da 1, 2, 5, 20, 50 e 100 marchi chiamate *Darlehnskassenscheine* ("ricevute di prestito").

Quindi già dall'inizio della guerra si registrò un certo aumento dei prezzi. La situazione peggiorò a causa della carestia dell'inverno 1916-17, quando vi fu un raccolto di patate molto esiguo. Inoltre il cibo venne razionato, ma era ampiamente insufficiente; i prezzi furono calmierati e questo diede vita ad un mercato nero in cui tutto costava moltissimo. I poveri non si potevano permettere il lusso di acquistare cibo aggiuntivo: morirono di fame ben 750.000 tedeschi.

Il marco iniziò a perdere ancor più valore dall'estate del 1918, quando la sconfitta inziava ad essere certa. A novembre, sul finire del conflitto, i tedeschi iniziarono a scambiare notevoli quantità di marchi con dollari e sterline. Ma se nel luglio 1914 per avere un dollaro servivano 4,20 marchi, alla fine della guerra se ne dovevano spendere 42.

L'inflazione peggiorò nel 1919 perché alla grande quantità di "marchi di carta" emessa durante la guerra si aggiunse la scarsità dei beni. Infatti la diminuita capacità produttiva e l'esaurimento delle scorte di materie prime provocarono una salita dei prezzi più brusca di quella che si era manifestata negli anni del conflitto.

Nel periodo della smobilitazione aumentarono anche le spese del governo per via di nuove esigenze, soprattutto i sussidi ai disoccupati e i costi di gestione delle ferrovie. A ciò si aggiunse il costo dell'approvvigionamento per la popolazione civile.

Non sarebbe stato possibile stabilizzare i prezzi e i salari ai livelli che avevano raggiunto in tempo di guerra, neppure nel caso ipotetico che il bilancio fosse stato equilibrato immediatamente. Quindi la caduta del marco accelerò ulteriormente nel secondo semestre del 1919.

Se nel 1914 un dollaro costava 4,20 marchi e nel 1918 ne costava 42, nel febbraio 1920 il cambio raggiunse i 100 marchi.

Un risarcimento esorbitante

Dopo aver perso la guerra, il 28 giugno 1919 la Germania fu costretta a sottoscrivere il trattato di Versailles.

Così alla neonata repubblica tedesca fu imposto il pagamento rateale di un'indennità di guerra per una cifra fuori dalle possibilità di qualsiasi paese: 6.600.000.000 di sterline, pari a 132 miliardi dei vecchi marchi aurei.

Inoltre la Germania dovette cedere tutte le colonie (otto più le concessioni cinesi), ridurre le sue forze armate (massimo centomila soldati, sei navi da guerra e nessuna aviazione) e cedere territori a favore di altri Stati (Belgio, Francia, Danimarca e Polonia). Si previde anche la messa in stato d'accusa dell'ex imperatore Guglielmo II di fronte a un futuro tribunale internazionale.

In tal modo la Francia realizzò la propria vendetta, mentre non ebbe fortuna la linea inglese, che voleva una Germania relativamente forte economicamente per controbilanciare il predominio continentale della Francia.

Non a caso molti osservatori, tra cui l'economista britannico John Maynard Keynes, criticarono duramente il trattato: non prevedeva alcun piano di ripresa economica e l'atteggiamento punitivo e le sanzioni contro la Germania avrebbero provocato nuovi conflitti e instabilità, invece di garantire una pace duratura. Keynes espresse questa visione nel suo saggio *The economic consequences of the peace* ("Le conseguenze economiche della pace").

La durezza delle condizioni imposte alla Germania portò Ferdinand Foch, comandante dell'esercito francese, a dire: "Questa non è una pace, è un armistizio per vent'anni". Nessuna profezia si rivelò più esatta.

Così al grande debito accumulato dallo Stato tedesco per finanziare la guerra e alle ingenti spese correnti, si aggiunse un debito ancora più grande. Fu l'inizio di una valanga di carta.

*La firma del trattato di Versailles
(28 giugno 1919)*

Capitolo 2

La catastrofe monetaria (1921-1923)

1921-22: errori fatali

Nel 1921 l'inflazione generata dall'eccessiva quantità di "marchi di carta" cresceva meno rapidamente e la stabilizzazione della moneta non sarebbe stata un'impresa impossibile. Non a caso il cambio con il dollaro era migliorato: scese da quota 100 e inziò ad oscillare in un intervallo compreso fra 40 e 70; nel primo semestre del 1921 si stabilizzò intorno ai 64 marchi. Anche il livello dei prezzi raggiunto all'inizio del 1920 si mantenne più o meno immutato fino all'estate del 1921.

Ma questo momento propizio fu vanificato dai troppi debiti e dall'incapacità del governo di equilibrare il bilancio. E soprattutto dall'atteggiamento della banca centrale, che aveva intrapreso una politica monetaria a dir poco espansiva.

Infatti il presidente della Reichsbank Rudolf Havenstein considerava suo dovere fare in modo che l'economia del paese disponesse della liquidità necessaria per provvedere ai pagamenti. Quindi la banca centrale accettava i buoni del Tesoro che il governo emetteva mensilmente per coprire il deficit; inoltre concedeva crediti commerciali con la massima larghezza. Quindi la massa monetaria circolante aumentava senza sosta e anche l'inflazione riprese a correre.

La classe dirigente tedesca fu incapace di capire con esattezza le cause dell'inflazione. Gli esperti finanziari più ascoltati l'attribuirono al diminuito volume degli scambi determinato, a loro giudizio, esclusivamente dalle riparazioni da pagare alla Francia. Non seppero vedere che l'inflazione dipendeva soprattutto dalla grande quantità di moneta emessa durante la guerra.

Questa tesi, che la banca centrale si affrettò a fare propria, trascurava totalmente il fatto che l'inflazione era cominciata molto prima che si aprisse il discorso sulle riparazioni e che la Germania aveva pagato la prima rata soltanto nel giugno 1921.
Il pagamento era stato effettuato in oro e valuta estera, che però erano stati acquistati esclusivamente con marchi freschi di stampa. Ciò rafforzò l'illusione collettiva che l'indennità di guerra fosse l'unica causa dell'inflazione.

Durante l'anno finanziario compreso fra l'aprile 1920 al marzo 1921 il deficit dovuto ai risarcimenti ammontava a meno di un terzo del totale. Solo nel bilancio del 1921-22 la voce raggiunse i tre quarti del deficit, per ridursi a meno della metà nel 1922-23.

Ma gli economisti tedeschi si ostinavano a dare tutta la colpa alle riparazioni e a negare la possibilità di stabilizzare il marco in assenza di un accordo meno gravoso con i vincitori. Forse questa idea era frutto dell'orgoglio nazionalista o forse della speranza di poter allegerire il debito.

Invece i loro colleghi stranieri la pensavano diversamente. Infatti nell'autunno del 1922 una commissione di importanti economisti (tra cui

Keynes) si recò in Germania su invito del governo. Una volta analizzata la situazione monetaria, conclusero che il governo avrebbe potuto stabilizzare il marco: le riserve auree erano quasi le stesse del 1914. Quindi suggerirono di coprire in oro un terzo del circolante cartaceo: il valore delle riserve auree lo permetteva e ciò avrebbe dato stabilità al marco.

Ma il governo tedesco rifiutò il piano e insistette sulla necessità di un prestito estero e di una moratoria sulle riparazioni.

Nel frattempo il marco si deprezzava sempre di più. Tutti tentavano di liberarsene, in previsione di ulteriori diminuzioni del potere d'acquisto. Si verificò una fortissima fuga di capitali. Alla fine del 1921 il cambio era sprofondato a 180 marchi per un dollaro.

Poi nel 1922 il continuo aumento dei prezzi rese necessario emettere banconote dal taglio sempre più alto, dal valore nominale mai visto prima: 5.000, 10.000 e 50.000 marchi. Ma non era che l'inizio...

La scelta di continuare a stampare denaro rendeva più difficile colmare il deficit, perché le imposte riscosse diminuivano alla stessa velocità dello svilimento della moneta. Infatti se le tasse venivano riscosse dopo mesi (come normalmente succede), nel frattempo l'importo aveva perso tantissimo valore. E valeva ancora meno nel momento in cui veniva speso. Perciò la spesa pubblica veniva finanziata quasi esclusivamente dal denaro di nuova emissione.

Quindi si entrò in circolo vizioso che richiedeva una quantità di denaro sempre maggiore. Questo fu il motivo principale della perdita di controllo e della catastrofe del 1923.

Banconota da 50.000 marchi del 19 novembre 1922

1923: annus horribilis

Nel dicembre 1922 per la Germania divenne impossibile pagare altre rate dell'indennità di guerra. Infatti non riusciva più a comprare valuta estera con marchi praticamente senza valore.

Così nel gennaio 1923 gli eserciti di Francia e Belgio occuparono il bacino minerario della Ruhr, ricco di carbone e ferro, come garanzia.

Il governo tedesco rispose ordinando ai residenti della Ruhr di attuare la resistenza passiva: per i successivi otto mesi gli operai non andarono più al lavoro. In compenso ricevettero un sussidio dal governo tedesco, che quindi dovette stampare ancora più moneta.

Ciò fece aumentare ulteriormente i prezzi e le banconote venivano emesse in tagli sempre più alti, come vedremo nel capitolo successivo.

Ma governo e banca centrale continuavano a non capire le reali cause dell'inflazione. Convinti che lo svilimento del marco fosse opera del mercato monetario internazionale, sprecarono metà delle riserve auree in forti acquisti di marchi.

Erano convinti che in questo modo avrebbero fermato il calo precipitoso del cambio ma, nel momento in cui la Reichsbank non riusciva più a trovare torchi in numero sufficiente per stampare una nuova valanga di banconote, era folle attendersi che simili interventi producessero qualcosa che non fosse una pura e semplice perdita di oro.

Medaglia antifrancese del 1923. La Francia siede sul carbone della Ruhr tenendo in mano una spada e una frusta, mentre le mani dei tedeschi sono incatenate.
Bronzo, 77 grammi, 61,7 millimetri
Immagine tratta dal web

Mentre dal 1920 al 1922 la svalutazione del marco a un decimo del suo valore precedente aveva richiesto due anni e mezzo, adesso la caduta accelerò: per una seconda riduzione di un decimo furono sufficienti 108 giorni. Per il terzo precipizio (ottobre 1923) ne bastarono una decina. Il 15 novembre 1923 il marco valeva appena un bilionesimo (mille miliardi di volte meno) rispetto al 1914.

Ormai gli stipendi e i salari venivano pagati di giorno in giorno, o addirittura due volte al giorno. E, appena ricevute le banconote, tutti i lavoratori correvano nei negozi per sbarazzarsene al più presto.

In questo contesto, tra l'8 e il 9 novembre Adolf Hitler mise in atto il fallito Putsch di Monaco. E il 20 dello stesso mese morì il presidente della Reichsbank Rudolf Havenstein.

In questa tabella si può vedere la crescita del tasso ufficiale di inflazione dal 1919 al 1923. Nel capitolo successivo vedremo quali furono gli effetti di tutto ciò sulla vita dei tedeschi.

Mese	% inflazione
Gennaio 1919	2,6
Luglio 1919	3,4
Gennaio 1920	12,6
Gennaio 1921	14,4
Luglio 1921	14,3
Gennaio 1922	36,7
Luglio 1922	100,6
Gennaio 1923	2.785,-
Luglio 1923	194.000,-
Novembre 1923	726.000.000.000,-

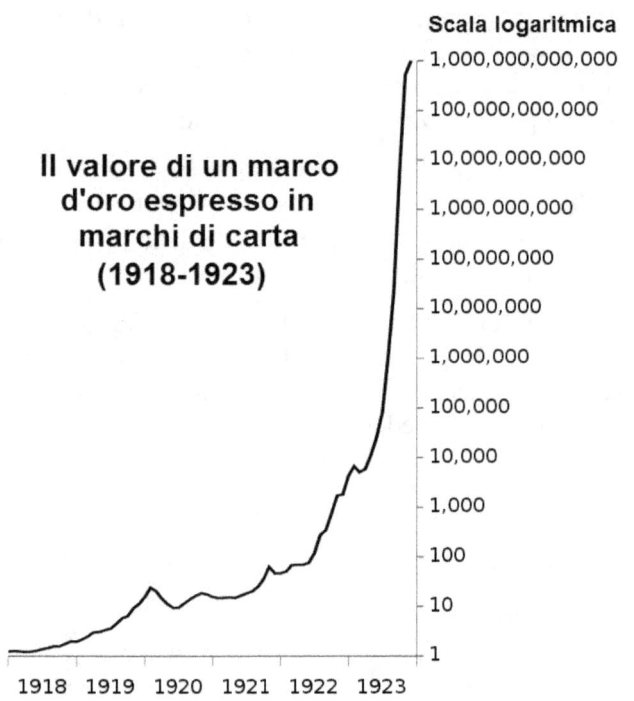

Capitolo 3

La folle corsa dei prezzi

Fuori controllo

Già dal 1922 il marco aveva cessato di servire da indice dei prezzi, per il quale si prendeva a riferimento il dollaro.
Ecco l'andamento del cambio tra marco e dollaro nel corso del 1923:

Mese	Marchi necessari per comprare un dollaro
Gennaio	35.000
Luglio	350.000
Agosto	4.600.000
Settembre	98.000.000
Ottobre	25.000.000.000
Novembre	2.190.000.000.000
Dicembre	4.210.000.000.000

Nel secondo semestre del 1923 gli stipendi venivano ormai pagati una o due volte al giorno. I lavoratori correvano subito a convertirli in cibo e altri beni reali, prima che le banconote perdessero il loro valore. D'altronde nel momento peggiore della crisi inflazionistica i prezzi raddoppiavano ogni due giorni. L'aumentata velocità di circolazione della moneta contribuì ad un maggiore aumento dei prezzi.

L'assalto ai negozi e l'accaparramento causarono anche una grave scarsità di beni. Inoltre i negozianti erano giustamente restii a disfarsi di merci per ricevere in cambio dei pezzi di carta che di lì a poco non avrebbero avuto più alcun valore. Quando possibile si ricorreva al baratto.

Questa fu la corsa del prezzo di un kilogrammo di pane nel corso del 1923:

Mese	Marchi
Gennaio	250
Luglio	3.465
Agosto	169.000
Settembre	1.500.000
Ottobre	1.700.000.000
Novembre	210.000.000.000
Dicembre	399.000.000.000

Alcuni prezzi registrati all'inizio di dicembre:
- un francobollo: 50 miliardi;
- una corsa in tram: 50 miliardi;
- un kilo di patate: 90 miliardi;
- un uovo: 320 miliardi;
- un litro di latte: 360 miliardi;
- mezzo kilo di burro: 2.800 miliardi.

L'aumento incontrollato dei prezzi ebbe conseguenze drammatiche per la popolazione. Come sempre accade, anche in questa occasione l'inflazione colpì soprattutto i ceti sociali più deboli, soprattutto i lavoratori dipendenti e i pensionati.

Gli stipendi crescevano meno velocemente dei prezzi, quindi il potere d'acquisto diminuiva costantemente e la gente comprava meno beni. Ciò mise in difficoltà le imprese, molte delle quali chiusero o licenziarono parte dei dipendenti. L'aumento della disoccupazione fece diminuire ulteriormente il potere d'acquisto, innescando un circolo vizioso.

Stipendi sviliti, disoccupazione e la sparizione dei risparmi di chi aveva investito in modo sbagliato (lo vedremo nel prossimo capitolo) fecero precipitare molte persone nella miseria più nera. Malattie e mortalità crebbero ad un ritmo impressionante, soprattutto fra i bambini dei poveri. La carità non fu sufficiente per tutti e molti morirono letteralmente di fame.

La vittima pù celebre fu lo scrittore ed editore Maximilian Bern. Egli era nato nel 1849 e nel corso della sua vita era riuscito a risparmiare 100.000 marchi, che teneva sul conto corrente, pensando che gli avrebbero garantito una tranquilla vecchiaia. Si trattava di un patrimonio considerevole, visto che nel 1906 il risparmio medio sui conti correnti tedeschi era di 719 marchi.
Ma nel 1923, spaventato dalla feroce svalutazione, Bern decise di ritirare l'intera somma, con cui però poté acquistare solo un biglietto della metropolitana. Morì di fame a Berlino il 10 settembre 1923.

Inoltre i medici tedeschi diagnosticarono un nuovo tipo di disturbo mentale, caratterizzato dal desiderio dei pazienti di scrivere infinite righe di zeri.

Il disturbo fu causato dai difficili calcoli necessari per effettuare transazioni in miliardi e trilioni. Per il resto le persone affette erano perfettamente normali; il problema riguardò uomini e donne di tutte le classi sociali, anche se cassieri, contabili e banchieri erano i più colpiti.

Una valanga di carta straccia

Ovviamente il vertiginoso aumento dei prezzi costrinse la Reichsbank ad aumentare continuamente il taglio delle banconote.

Quelle emesse appena poche settimane prima non valevano più nulla: venivano gettate via o, come vedremo, destinate ad altri usi.

Quindi durante l'anno fu aggiornato a ripetizione il record della banconota di taglio più alto.

Già il 3 febbraio furono emessi i biglietti da centomila e da un milione. Il 7 maggio videro la luce le banconote da 2 e da 5 milioni, il 25 luglio arrivarono i biglietti da 10, 20 e 50 milioni.

Poi in agosto si raggiunse quota 100 milioni, mentre a settembre arrivarono le banconote da 500 milioni e poi si passò ai miliardi, con i biglietti da 1, 5 e 10 miliardi.

In ottobre si emisero prima i 200 miliardi e poi, il giorno 20, i 500 miliardi. Il 26 ottobre si toccò l'apice: fu emessa la banconota da centomila miliardi di marchi (100.000.000.000.000).

La banconota da centomila miliardi di marchi emessa il 26 ottobre 1923. Fu stampata su un solo lato: il retro è bianco.

Ma più denaro veniva emesso, più se ne doveva emettere. Basti pensare che nel novembre 1923 solo l'1% della spesa pubblica fu pagate dalle tasse, il restante 99% fu finanziato con nuovo denaro.

In un rapporto al suo governo, l'ambasciatore britannico a Berlino Lord D'Abernon scrisse: "*In tutto il corso della storia, nessun cane ha mai rincorso la propria coda con la velocità della Reichsbank*".

Ad un certo punto i 1.700 torchi di stampa della banca centrale non furono più sufficienti, quindi si decise di risparmiare tempo in tre modi:

- si iniziò ad apporre sulle vecchie banconote (ormai senza valore) dei timbri riportanti un valore molto più alto;
- le nuove banconote venivano stampate su un solo lato;
- fu richiesto a comuni e province di emettere grandi quantità di proprie monete e biglietti, chiamati *notgeld*.

In realtà i primi *notgeld* furono emessi già durante la guerra, ma ovviamente il valore dei vecchi biglietti nel 1923 fu azzerato dalla svalutazione. In ogni caso, alla fine del 1923 più di metà della moneta circolante era stata emessa dagli enti locali.

Per quanto riguarda le banconote della Reichsbank, se nel 1913 i biglietti circolanti erano 2,5 miliardi, all'apice del disastro inflazionistico erano diventati 92.844.720 miliardi.

Dal 1920 non si emettevano più monete in argento; si usavano solo ferro e alluminio. Nei primi mesi del 1923 vennero prodotte solo monete da 3 marchi in alluminio. Una volta che il valore del metallo superò quello nominale, l'alluminio fu usato per coniare monete da 200 e 500 marchi, emesse in decine di milioni di esemplari ciascuna. Ma poco tempo dopo con esse già non si poteva acquistare più nulla e furono perlopiù vendute a peso per riciclare l'alluminio.

Già con l'inflazione del periodo bellico il valore del metallo con cui le monete erano prodotte divenne maggiore di quello nominale. Inoltre il metallo divenne necessario per la produzione delle forniture belliche; in ultimo, sia i cittadini che le istituzioni iniziarono a tesaurizzare le monete metalliche. Tutto ciò causò un'estrema carenza di metallo, quindi le monete vennero sostituite con banconote di piccolo taglio di nuova emissione.

In questa situazione venne emessa anche della moneta buona: tra agosto e ottobre 1923 il ministero del Tesoro emise alcuni biglietti garantiti da oro, seguendo il cambio del 1914: 4,20 marchi per ogni dollaro.

All'incirca nello stesso periodo, anche alcuni governi locali emisero dei notgeld con copertura aurea.

Nell'agosto 1923 l'economista Karl Helfferich propose l'emissione di una nuova valuta: il *roggenmark*, ovvero il "marco di segale".
Infatti sarebbe stata garantita da obbligazioni indicizzate al prezzo della segale. L'idea fu respinta a causa della grande volatilità del prezzo del cereale.

Qui di seguito: alcune monete., banconote e notgeld.
Immagini tratte dal web

Banconota da 50 milioni di marchi del 25 luglio 1923

Banconota da 2 miliardi di marchi del 5 novembre 1923

La moneta da 500 marchi del 1923 in alluminio

*Notgeld da 500.000 marchi
emesso dalla città di Bochum il 15 agosto 1923*

Notgeld da 1.000 miliardi emesso il 29 ottobre 1923 dalla Deutsche Reichsbahn, *ovvero le ferrovie statali*

Notgeld da 10.000.000 di marchi emesso dalla città di Treviri il 10 settembre 1923. Il rovescio raffigura una vista della città, tratta da un'incisione in rame del 1646.

Notgeld metallico da 5.000.000 di marchi emesso dalla provincia di Vestfalia nel 1923. Il valore nominale fa presumere che sia stato emesso in estate. Infatti 5 milioni di marchi all'inizio del 1923 valevano ben 714 dollari, ma solo un millesimo di centesimo già in ottobre.

*Notgeld garantito da oro.
Ha valore nominale di 2,10 marchi oro, pari a mezzo dollaro americano. Fu emesso da cinque città del Baden-Württemberg (Friburgo, Costanza, Lahr, Schopfeim e Villingen) il 15 novembre 1923.*

Scene di vita quotidiana

Nelle pagine seguenti vi sono delle foto che testimoniano visivamente quale fosse la situazione che i tedeschi dovevano affrontare quotidianamente.

Luglio 1923: alcuni lavoratori hanno appena riscosso lo stipendio. Hanno ricevuto talmente tante banconote da essere costretti ad usare delle valigie per trasportarle.

Si narra che, in una simile occasione, un lavoratore subì il furto della valigia ma il ladro gli lasciò le banconote che conteneva, a cui non era interessato.

In ogni sportello bancario si potevano
vedere scene simili a questa

Nei sotterranei delle banche erano
immagazzinati molti metri cubi di banconote

Per andare a fare la spesa si dovevano
trasportare le banconote con il carretto

E anche i negozianti avevano problemi di spazio

Spesso si ricorreva al baratto.
Ad esempio ai botteghini di questo teatro
si vendeva un posto economico al prezzo
di due uova, mentre per uno costoso
si doveva cedere una libbra di burro.

Per trasportare una somma importante
si dovevano riempire di banconote diverse ceste

Le banconote emesse qualche tempo prima
non valevano più nulla e le si buttava via

Ma le banconote potevano essere riutilizzate in vari modi. Ad esempio come carta da parati, visto che tutti quei biglietti non sarebbero bastati per acquistare quella vera.

Le banconote con il retro bianco venivano usate per prendere appunti. In questa foto, scattata nell'ottobre del 1923, si vede un blocco composto da biglietti da un milione di marchi ciascuno. Comprare un vero blocco per appunti sarebbe costato molto di più (diversi miliardi).

Le vecchie banconote
divennero anche giochi per bambini

Molti biglietti furono bruciati
per alimentare cucine, camini e stufe

Nella pagina a fianco: medaglia (bronzo, 70,25 grammi, 59 millimetri) che riporta i prezzi di vari alimenti nel 1919.
Chi la emise era evidentemente scandalizzato dall'aumento dei prezzi che stava vivendo; infatti le tre parole in alto significano "L'onesto contrabbando". Se solo avesse immaginato la situazione di quattro anni dopo, avrebbe rimpianto quella del 1919...

I prezzi si riferiscono ad una libbra di peso (pari a 453,6 grammi), tranne per uova, latte e olio:

carne: 8-10 marchi	caffè: 25 marchi
prosciutto: 20 marchi	tè: 40 marchi
salsiccia dura: 10 marchi	cacao: 25 marchi
oca: 8 marchi	zucchero: 3 marchi
burro: 12 marchi	farina: 2 marchi
grasso: 20 marchi	sapone: 10 marchi
formaggio: 12 marchi	olio da tavola: 45 marchi
latte: 1 marco	un uovo: 1 marco

Gli alimenti acquistabili con un milione di marchi nell'estate del 1923. Si leggono i seguenti prezzi:

- cavolo bianco: 30.000 marchi
- pomodori: 40.000 marchi
- quattro uova: 40.000 marchi
- un pane: 50.000 marchi
- sacchetto di caffé: 60.000 marchi
- sapone: 100.000 marchi
- un sacco di farina: 120.000 marchi
- salsiccia: 180.000 marchi
- lardo: 340.000 marchi

Già a settembre con la stessa cifra si potevano acquistare solo 600 grammi di pane.

A fine anno un kilogrammo di pane sarebbe arrivato a costare 399 miliardi.

Su questa medaglia si legge:
"Il 1° novembre 1923 1 libbra di pane
costa 3 miliardi, 1 libbra di carne 36 miliardi,
1 bicchiere di birra 4 miliardi".

Per comprare il cibo si dovevano fare lunghe file. La veloce svalutazione spinse all'accaparramento e creò penuria di merce. Gli esercizi commerciali non stampavano più i menù e i listini, visto che per aggiornare i prezzi sarebbe stato necessario ristamparli di ora in ora.

Capitolo 4

Azioni e oro: ancore di salvezza

Investimenti sbagliati

In questo scenario chi teneva fermi i soldi su conti correnti o libretti di risparmio perse tutto. Stesso discorso per chi possedeva obbligazioni; questo perché il credito continuava ad esistere, ma non valeva più nulla. Ad esempio un credito di mille marchi divenne insignificante quando la stessa cifra perse completamente il suo potere d'acquisto.

Furono salvi solo i patrimoni di chi possedeva beni reali, soprattutto azioni e oro.
Purtroppo non erano molti i tedeschi che detenevano azioni, visto che nel paese vi era sempre stata una certa sfiducia nell'investimento azionario.

Infatti la stragrande maggioranza dei tedeschi affidava il proprio denaro ai libretti di risparmio, polizze vita e titoli di Stato (soprattutto ai recenti "prestiti di guerra"). Questo modo di investire spazzò via i risparmi di un'intera generazione, facendo piombare tantissimi tedeschi nella miseria assoluta.

Le azioni

Anche se inizialmente la crisi economica fece scendere bruscamente il loro prezzo in termini reali (-75% tra il settembre 1921 e il novembre 1922), detenere azioni significava possedere una porzione di un'attività produttiva composta da beni tangibili (capannoni, macchinari, veicoli, ecc) che conservano il loro valore. Inoltre le aziende si protessero dalla svalutazione aumentando i prezzi di vendita dei beni prodotti.

Va anche considerato che l'iperinflazione spazzò via tutti i debiti aziendali e che le aziende più grandi (tendenzialmente quelle quotate in borsa) in molti casi acquisirono a prezzi da saldo le concorrenti più piccole e in difficoltà.

Tutto ciò fece sì che sul medio termine il valore delle azioni non solo si adeguò all'inflazione in termini nominali, ma addirittura garantì un guadagno anche in termini reali, soprattutto grazie ad una forte salita nel secondo semestre del 1923.

In questo grafico è raffigurato l'andamento della borsa tedesca tra il gennaio 1920 e il gennaio 1924. La linea nera rappresenta il valore in marchi (si noti la scala logaritmica sulla sinistra), quella grigia lo stesso valore espresso in dollari americani (valori sulla destra).

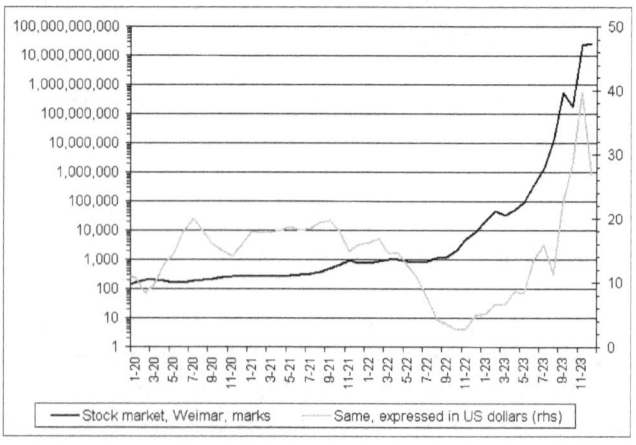

Oro e argento

Anche i proprietari di monete e lingotti d'oro riuscirono a proteggere il proprio patrimonio. E lo fecero con meno patemi d'animo visto che, rispetto alle azioni, l'oro fu meno volatile e non subì il crollo, seppur temporaneo, che caratterizzò l'azionario.
Per le cifre esatte si rimanda alla tabella a pagina 49.

Invece chi possedeva argento ebbe qualche problema. Infatti, come si può vedere nella tabella a pagina 49, tra il 16 ed il 23 ottobre 1923 il rapporto tra i prezzi di oro e argento decuplicò, passando da 16 a 160 nel giro di pochi giorni.

Questa apparente anomalia fu causata dalle rivolte comuniste in Sassonia e in Turingia. La rivolta più grave fu quella di Amburgo, dove tra il 22 e il 24 ottobre ci furono pesanti scontri tra comunisti ed esercito; solo con molta fatica i soldati riuscirono ad avere la meglio.

Temendo l'instaurarsi di un regime di tipo sovietico e gli espropri di ricchezza che ne sarebbero seguiti, moltissimi tedeschi furono presi dal panico e decisero di convertire tutto il loro argento in oro senza badare al prezzo. Infatti a parità di valore il metallo giallo occupa molto meno spazio: si nasconde meglio ed è più leggero da trasportare.

*L'ultimo marco in argento fu emesso nel 1916.
Invece l'ultima moneta in argento emessa prima
dell'iperinflazione fu il mezzo marco del 1919 (prima foto).
Molte monete da mezzo marco datate 1918 e 1919
sono di colore nero (seconda foto): furono "sporcate"
dalle stesse zecche per scoraggiarne la tesaurizzazione.*
Immagini tratte dal web

Nella pagina seguente si può vedere l'evoluzione dei prezzi di argento e oro in marchi; i prezzi si riferiscono ad un'oncia troy, pari a 31,10 grammi.
I numeri evidenziano che in questo lasso di tempo l'argento moltiplicò il proprio valore nominale di 45.312.500.000 volte, mentre l'oro di 511.764.705.882 volte. Dunque, in questo specifico contesto, il metallo giallo svolse la sua funzione protettiva undici volte meglio dell'argento.

Data	Argento	Oro
Gennaio 1919	12	170
Maggio 1919	17	267
Settembre 1919	31	499
Gennaio 1920	84	1.340
Maggio 1920	60	966
Settembre 1921	80	2.175
Gennaio 1922	249	3.976
Maggio 1922	375	6.012
Settembre 1922	1.899	30.381
Gennaio 1923	23.277	372.447
Maggio 1923	44.397	710.355
5 giugno 1923	80.953	1.295.256
3 luglio 1923	207.239	3.315.831
7 agosto 1923	4.273.874	68.382.000
4 settem. 1923	16.839.937	269.429.000
2 ottobre 1923	414.484.000	6.631.749.000
9 ottobre 1923	1.554.309.000	24.868.950.000
16 ottobre 1923	5.319.567.000	84.969.072.000
23 ottobre 1923	7.253.460.000	1.160.552.662.000
30 ottobre 1923	8.419.200.000	1.347.070.000.000
5 novem. 1923	54.375.000.000	8.700.000.000.000
13 novem. 1923	108.750.000.000	17.400.000.000.000
30 novem. 1923	543.750.000.000	87.000.000.000.000

Capitolo 5

Il ritorno alla normalità

Il rentenmark

La situazione iniziò a risolversi quando alla guida dell'economia tedesca arrivarono delle nuove figure: il cancelliere Gustav Stresemann, il ministro delle finanze Hans Luther e il banchiere Hjalmar Schacht. Quest'ultimo divenne presidente della Reichsbank il 12 novembre 1923.

Dopo aver proibito la stampa di nuova moneta da parte degli enti locali, il 15 ottobre 1923 il governo decise l'introduzione di una nuova moneta: il rentenmark. Non era pensabile creare una nuova moneta non garantita da nulla, ma oro e valuta estera scarseggiavano. Quindi si decise di garantire la nuova valuta tramite un'ipoteca da 3,2 miliardi di rentenmark sui terreni agricoli e industriali del paese.

La nuova moneta fu emessa fisicamente il 20 novembre, con un tasso di cambio di un rentenmark ogni mille miliardi di "marchi di carta". Questi ultimi non vennero messi fuori corso e il loro valore continuò a scendere, fino a ridursi ad un terzo del loro valore di conversione.

Il cambio tra rentenmark e dollaro fu inizialmente fissato in 1 a 4,2, pari a quello del 1914.
Furono emesse banconote da 1, 2, 5, 10, 50, 100, 500 e 1.000 marchi; inoltre si coniarono nuove monete da 1 e 2 rentenpfennig (centesimi) in bronzo e da 5, 10 e 50 rentenpfennig in lega bronzo-alluminio.

Il 30 novembre già circolavano 500 milioni di rentenmark; il 1° gennaio 1924 la massa circolante era raddoppiata e a luglio si stabilizzò a 1,8 miliardi.

La nuova moneta da 5 rentenpfennig del 1923
Anche quelle da 10 e 50 rentenpfennig
avevano lo stesso disegno

Una parte del nuovo denaro fu affidato al governo e un'altra parte alla Reichsbank, che lo utilizzò per finanziare le imprese.

Il rentenmark riuscì nell'impresa di eliminare il funesto "marco di carta": l'inflazione smise di correre e il sistema economico tedesco poté ripartire.

Ma il rentenmark fu solo una valuta temporanea e senza corso legale. Infatti già nell'ottobre 1924 fu sostituito con il nuovo reichsmark.

Comunque le monete e le banconote denominate in rentenmark non furono poste fuori corso e rimasero in circolazione fino al 1948.

Così alla fine del 1924 si iniziò ad emettere monete e banconote denominate in reichspfennig e reichsmark. La moneta da 1 marco e quelle di valore superiore erano tutte in argento, seppur di basso tenore

(500‰); la moneta da 1 marco pesava 10 grammi, quindi conteneva 5 grammi di argento puro.

Il nuovo reichsmark godeva di copertura aurea, agli stessi valori del periodo 1870-1914. Ma, nonostante questo ritorno al *gold standard*, non furono più emesse monete d'oro.

In ogni caso, con l'introduzione del reichmark la valuta tedesca tornò ad essere convertibile con le altre monete mondiali.

Debiti pubblici e privati

La nascita del nuovo reichmark era stato previsto da un accordo internazionale. Infatti per risolvere il problema dei risarcimenti alla Francia, nell'agosto del 1924 il governo aveva siglato un trattato con alcuni paesi esteri.

L'accordo prese il nome di "Piano Dawes", dal cognome del suo ideatore: Charles Dawes (*in foto*), coordinatore del comitato internazionale che si occupava del problema delle riparazioni.

Nel 1925 Dawes divenne vicepresidente degli Stati Uniti.

Nello stesso anno vinse il premio Nobel per la pace, proprio per aver risolto il problema tedesco.

Il suo piano prevedeva che:

- i francesi sarebbero andati via dalla Ruhr;
- la Reichsbank non sarebbe più stata controllata dal governo;
- le ferrovie sarebbero state privatizzate;
- il rentenmark sarebbe stato sostituito dal nuovo reichsmark;
- la Germania avrebbe intrapreso una forte crescita economica e quindi ripreso a pagare il suo debito di guerra secondo rate crescenti.

Non furono stabiliti né il totale da ripagare né una data limite, ma si decise che le rate annuali più alte sarebbero state di due miliardi e mezzo di marchi oro.

Ma a tale cifra si sarebbe arrivati gradualemte, visto che si decisero le seguenti rate:

- 1924-25: 1 miliardo di marchi;
- 1925-26: 1,22 miliardi di marchi;
- 1926-27: 1,50 miliardi di marchi;
- 1927-28: 1,75 miliardi di marchi.

Solo dall'anno fiscale 1928-29 la Germania avrebbe iniziato a pagare rate annuali da 2,5 miliardi, ma solo se non avessero pesato troppo sul bilancio tedesco.

Infatti si stabilirono dei limiti di prelievo dal bilancio federale, preferendo attingere ai dividendi di ferrovie e industrie, nonché da una tassa sui trasporti appositamente creata. Non a caso, alla fine le ferrovie contribuirono per oltre un terzo dei pagamenti totali.

Intanto per facilitare il pagamento della prima rata furono emesse obbligazioni per una somma totale di

800 milioni di marchi oro. Erano garantite dalle azioni della società ferroviaria tedesca e da un'ipoteca sugli introiti fiscali.

L'emissione fu curata dalla J.P. Morgan. Le obbligazioni rendevano un'interesse del 7% annuo e furono comprate soprattutto da investitori statunitensi, ma anche da francesi, inglesi e olandesi.

Obbligazione da 1.000 dollari per il mercato americano

L'effetto secondario di questo piano fu l'afflusso di capitali statunitensi in Germania e, indirettamente, nelle altre nazioni europee. In questo senso il piano Dawes fu una sorta di anticipazione del piano Marshall. In tal modo gli americani riuscirono ad esportare beni in Europa, evitando una crisi di sovrapproduzione.

Inoltre legarono i mercati europei agli Stati Uniti per arginare possibili rivoluzioni comuniste. Ma soprattutto, consentendo alla Germania di pagare le riparazioni, gli Stati Uniti resero possibile il pagamento dei debiti che Francia, Gran Bretagna e Italia avevano nei loro confronti.

In ogni caso il piano Dawes risultò efficace: la ripresa economica tedesca iniziò subito e già nel 1925 se ne poterono constatare i risultati.

Proprio nel 1925, esattamente il 16 luglio, il governo tedesco emanò la tabella di rivalutazione (vedi pagina successiva) dei vecchi debiti denominati in "marchi di carta".

Nel fare ciò si cercò di mantenere l'equilibrio tra gli interessi di creditori e debitori. Furono considerati l'indice dei prezzi all'ingrosso e il cambio con il dollaro; vennero invece ignorati i prezzi al consumo e quelli delle azioni.

Fu deciso che i debiti privati (perlopiù prestiti bancari e obbligazioni societarie) dovessero venire pagati solo per il 25% del loro valore, debitamente rivalutato secondo i criteri appena citati.

Andò peggio ai possessori di titoli di Stato (compresi i "prestiti di guerra"), che recuperarono solo il 2,5% del loro investimento.

Il ripristino, seppur parziale, dei debiti significò che alcune aziende si ritrovarono nuovamente con delle obbligazioni da pagare. Ciò, unito alla rinnovata pressione fiscale e allo stato ancora precario dell'economia, fece fallire molte imprese.

Al contrario, chi aveva ricevuto prestiti direttamente dalla banca centrale fu autorizzato a estinguerli in marchi deprezzati, senza rivalutazione. Questo regalo, elargito dal governo a spese della collettività, fu all'origine di grandi fortune commerciali.

Date	"Reichs"Mark	"Gold"Mark	1 "Gold"Mark = "Reichs"Mark
January-June 1918	10	8,00	1,25
December 1918	10	5,00	2,00
June 1919	10	3,11	3,21
December 1919	10	1,04	9,61
March 1920	100	4,87	20,53
December 1920	100	6,88	14,53
August 1921	100	5,82	17,18
December 1921	100	2,87	34,84
July 1922	1000	9,50	105,26
November 1922	10000	7,80	1.282,05
23. July 1923	1 Million	9,89	101.112,23
17. August 1923	10 Million	9,81	1.019.367,99
7. September 1923	100 Million	7,82	12.787.723,78
3. October 1923	1 Milliarde	9,21	108.577.633,00
16. October 1923	10 Milliarde	8,06	1.240.694.789,00
22. October 1923	100 Milliarde	8,18	12.224.938.875,00
5. November 1923	1 Billion	8,65	115.607.000.000,00

Conseguenze di lungo termine

La maggior parte dei tedeschi vide nell'incubo del 1923 il risultato della perfida politica degli Alleati. Ciò infiammò il nazionalismo e instillò un certo sospetto nei confronti del capitalismo. Iniziò a farsi strada l'idea di un "socialismo tedesco" senza lotta di classe, quindi diverso da quello marxista.

Si preparava la strada al nazional socialismo hitleriano, che ricevette la spinta decisiva dalla crisi del '29, a causa della quale gli Stati Uniti non poterono più fornire aiuti finanziari al governo tedesco.

In Germania la crisi fece crollare la produzione del 50% e moltiplicò il numero dei disoccupati, che salì da 650mila del 1928 ai 4,5 milioni del 1931.

Fallimenti e povertà tornarono nella vita di molti tedeschi, dopo appena pochi anni dalla tragedia del 1923. La crisi, unita all'atteggiamento remissivo del governo in politica estera, spianò la strada ad Adolf Hitler.

Nel luglio del 1932 egli ottenne la riduzione del debito da 132 miliardi di marchi a soli 3 miliardi, che comunque non pagò mai. Se nel 1919 la Francia si fosse accontentata di tale cifra, la Germania avrebbe potuto pagare subito e Hitler non sarebbe salito al potere.

Infatti è molto probabile che la crisi del 1929 non avrebbe causato, da sola, l'ascesa del nazismo. In tal senso l'iperinflazione e la crisi economica da essa generata furono determinanti.

In ogni caso la seconda guerra mondiale e poi l'inizio della guerra fredda fecero temporaneamente dimenticare la questione del debito tedesco. Ma nel 1953 si tenne a Londra un'apposita conferenza, in cui fu fatta un'unica stima. Essa comprendeva tutti i debiti dal 1919 al 1953; la cifra stimata fu poi ridotta del 60%.

Il debito fu estinto con un'ultima rata da settanta milioni di euro versata il 2 ottobre 2010, ben 91 anni dopo la firma del trattato di Versailles.

Ma questa storia non finì nel 2010, perché le conseguenze della catastrofe del 1923 si fanno sentire ancora oggi. Infatti quell'esperienza rese piuttosto rigidi i tedeschi in fatto di politica monetaria.

È per questa ragione che il marco è stato la valuta più forte nel secondo dopoguerra. E lo stesso motivo è alla base dei contrasti che, in sede europea, oggi caratterizzano il rapporto tra l'espansiva BCE e la più rigida Bundesbank.

*Rudolf Emil Albert Havenstein (1857-1923),
presidente della Reichsbank dal 1908 al 1923*

*Sganciò il marco dall'oro, curò l'emissione
dei "prestiti di guerra" e poi fu il principale
responsabile della catastrofe monetaria*

*Morì a Berlino il 20 novembre 1923,
insieme al disastro che aveva creato:
nello stesso giorno fu emesso il rentenmark*

www.ingramcontent.com/pod-product-compliance
Lightning Source LLC
Chambersburg PA
CBHW070828220526
45466CB00002B/775